AF264316

Letters Publishing

أوّلُ الطَّيفِ

رامي زكريا

**The First Spectrum (Arabic Poetry)
By Rami Zakaria**

ISBN-13: 978-0995687806
ISBN-10: 0995687803

عنوان الكتاب : أول الطيف (الطبعة الأولى)

الكاتب: رامي زكريا

تصنيف: شعر

الناشر: رسائل للنشر

بريد إلكتروني: editor@poetryletters.com

سنة النشر: 2017

ترقيم دولي: 6-0-9956878-0-978

صورة الغلاف: زهر الكرز في سول – كاميرا الشاعر

طبع في الولايات المتحدة لصالح مؤسسة رسائل للنشر، سول، كوريا الجنوبية

إلى نُجُومٍ مَزَجَتْهُ،
ونُجُومٍ حَضَنتْهُ،
ونُجُومٍ تَبِعَتْهُ،
أُهدي أول الطيف.

المحتويات

مَلامحُ رَجُلٍ هَاربٍ 1

حُلمٌ مِن مَوسِمِ اللَّوز 4

قَاربان بِنصفَي شِرَاع 10

تمازُج 16

عَزفٌ منفرِدٌ 19

البحثُ سِباحةً 25

جذعٌ، نجمةٌ، وخريفٌ آخر 33

خوفٌ كافرٌ 42

مُختارٌ أنت 46

أغنيةُ البقرات 51

عَودةُ مُقاتلٍ آخَر 64

مَسألةٌ حِسَابيّةٌ 70

الخوفُ مرةً أُخرى 73

تَرفٌ في دِمشق 78

هُناك ... هُنا 82

يومٌ غَائمٌ في آذار 87

أسئلةٌ في فيزياءِ الكَم 91

حُدُود 94

فَاصِلٌ مُوسيقي 97

نِضَـــالٌ 101

مُلاحظاتٌ على يومٍ سَابقٍ 106

قالنتاينُ الهاربين 116

المجدُ للشِّعر 119

هُدنةٌ مع الحبّ 123

أنتَ أكثرُ مِنكَ 128

مَلامِحُ رَجُلٍ هَارِبٍ

وَجهي شَحيحٌ بالملامحِ

(هذهِ الأيام)

كيْ لا أخدعَ المتسَوِّلينَ ببسمَتيْ ...

كي لا تُلاحِظَ طِفلةٌ في السّوقِ حُزنيْ،

إذْ بإصبعِها الصّغيرةِ تَنْكزُ الأسمَاكَ

(كي تَصحو)،

وأخشى أنْ يُخيفَ تَجَهّمي البُنّيُّ

رُكّابَ القِطارِ،

وليسَ في قلبيْ نَبيذٌ

كي أُغازِلَ وَردَةً كَتَبتْ على كَفّي

"تَعال!"

...

أسيرُ فَوقَ الثَّلجِ ظِلاً

دونمَا أثَرٍ،

وأجلسُ (أو أكادُ)

على شَفيرِ المقعدِ الخَشبيِّ

كالتِّمثَالِ،

لا ألقِي السَّلامَ على العَصَافيرِ التي تَدنو

وتنظُرُ نحوَ أنفيْ،

ثُمّ تَلعبُ لُعبةَ التَخمينِ:

"مِنْ أيّ البلادِ؟"

"وكيفَ ما زالتْ على كتفيهِ أزهارُ الخُزامى؟..."

قَال لي رَجُلٌ مُسِنٌّ

إنَّ قُنبلةً هَوَتْ في مَوضِعي هَذا

ولكنَّ المواسِمَ تَغسِلُ الدّيناميتَ،

والأشجَارَ لا تَخشى مِنَ الأشبَاحِ ...

قُلتُ : "وأنتَ؟"

قَال : "نَجوتُ، لكنّي ... فَقَدتُ مَلامِحي."

~*~

حُلمٌ مِن مَوسِمِ اللّوز

قَليلٌ مِنَ الخَوفِ لنْ يهزمَ الحَربَ،

فاستَبدِليْ زَيتَ هذا السِّراجِ

ببعضِ الزّبيبِ

...

فلا صَومَ للكافرينَ بحكمَةِ محرَقةِ الأقحُوانِ،

ولا ضَوءَ يَحتاجُهُ الهاربُونَ

بَعيداً، بَعيداً،

على مَتنِ أسطورةِ الشِّعرِ والسِّنديانِ

لِكونٍ عَصيٍّ على أبجديةِ

هذا الزّمانِ

البَليدِ

الكَئيبِ

*

تَطُولُ الحُروبُ بنا

حينَ تَخذلُنا حَاسَةُ السَّمعِ،

فانكمِشْي مثلَ طيرٍ أمامي

أُمسّد حُزنَ السَّنابلِ ...

أمنحها آخرَ العِطرِ مِنْ إصبَعي

مُنذُ كُنّا نخُطّ مُسَوَّدَةَ القُبلةِ الموسميَّة

أوّلَ زهرِ الصّباحِ العَشيبِ ...

ونامِيْ ....

عَليكِ صَلاةُ الغَمامِ،

وطيرٍ صغيرِ الجناحِ

تبسَّمَ للهِ حينَ رأى بُرعُمَ النُورِ ينبُتُ

تحتَ الرُكامِ،

وأيْلٍ تَصَعلَكَ في البَحرِ يَومَينِ

ثُمّ استراحَ مِنَ الثّأرِ

فَوقَ رِمالِ الغريبِ

...

سَلامٌ على رُوحِكِ اللَّؤلُؤيّةِ

حتى خُروجِ خُيوطِ الرّدى مِنْ خُيوطِ السّلامِ،

فَمُعجزةُ الصّحوِ لا تُبهتُ الجَائعينَ،

ولنْ يَجدِلَ اليّاسمينُ الحَزينُ عرائِشَهُ

حَولَ ساقِ الصّليبِ

*

هُناكَ ربيعٌ على حاجِبَيكِ،

سَيجمَعُ هَلوسَةَ التّائِهينَ

لِحَفلةِ رَقصٍ شهيٍّ على الوَجنةِ اليانِعَةْ.

ألا تَعلمينَ بأنّكِ حينَ تنامينَ قُربيْ

تَصيرينَ راقصةً بارعةْ؟...

وأمّا أنا

(في الطريقِ إليكِ)

سأسلُكُ دَرباً طويلاً يُؤخّرني رقصتينِ،

وأُهديكِ نَرجسةً مِن كلامِي،

وَأُصبحُ ما شاءَ لِيْ أنْ أكونَ

خيالُ الحَمامِ ...

فنامِيْ، ونامِيْ...
قليلٌ مِنَ النّومِ قدْ يَصفعُ اليأسَ

حينَ يكونُ على بُعدِ مِترينِ

مِن شُرفةِ العَندليبِ

*

سَنُسرِفُ (هذا المساءَ) مَجَازاً،

لأنّهُ آخرُ مَا تلفظُ الرُّوحُ

مِن جَسَدِ العَاشِقَيْنِ،

ونَشرَبُ مَخزونَنَا الاحتيَاطيّ

مِنْ ذِكرياتِ المرُوجِ

فَلا

لَوزَ

يُزهِرُ

عَمّا

قَريب

~*~

قَاربان بِنِصفَي شِرَاع

هَكذا

لنْ يكونَ عليَّ سوى الاعتذار مِنَ المزهريّة

حينَ تَحِنُّ إلى وَردِهَا.

هَكذا ... لنْ أُمزّقَ إلّا قَصَائِدَ

لمْ تَدرِ غير النّجومِ بها.

لنْ أُفكّرَ ... كيفَ سَنعبرُ

عبرَ شُقوقِ الشِّجارِ الأخيرِ مَعاً

فالكلامُ انتهى...

أعطِنيْ مَا لِقَيصَرَ،

ثُمّ خُذيْ مَا تبقّى على الأرضِ مِنْ كِبرياءْ.

ولْنَعُدْ أصدِقاءْ...!

*

أَلَستِ الّتي أرَّخَتْ عِطرَهَا في سَريريْ،

وَعَاثَتْ بِوَقتيْ مُمَازَحَةً كالملاكِ الشَّقيّ،

وأقصَتْ جميعَ جميعِ النّساءْ؟

تقولينَ إنَّ النّهايَاتِ لا يَنبغيْ أنْ تَكونَ نِصَالاً،

فَقَدْ تَستَفيقُ الزّنابقُ في حَقلِ قمحٍ،

وقدْ يُملأُ الكَأسُ مِنْ قَدَرٍ

ليسَ خمراً وماءْ.

تقولينَ إنَّ الزَمَانَ كَفِيلٌ،

وإنَّ طَريقَ السُّؤالِ طَويلٌ،

وإنَّ الرّجالَ يُجيدونَ كَسرَ جَليدِ الشّجُونِ،

وإنَّ النّساءَ يُجِدْنَ الرّثاءْ.

...

إذاً كيفَ نَفصِلُ لونين قَدْ مُزِجا في الرّسُومِ؟

وَمَاذا نَقُولُ لأحلامِنا

حِينَ تهبطُ مُستَاءةً مِنْ أعالِيْ الرَّجَاءْ؟

...

فليكنْ مَا تُريدينَ...

وانتظرِيْ مِثلَ كُوخٍ بَعيدٍ قُدُومَ الشّتاءْ.

ولنكُنْ مِثلَ قِرميدِ هَذيْ الحضَارةِ،

نَعزلُ أسرَارَنا جَيداً خَلفَ أضلُعِنا

بَعدَ كُلِّ لِقاءْ.

سَنُخبِرُ كُلَّ الَّذينَ رأوا

حَاجِزَ الصّمتِ يخنقُنا

-حينَ نُلقي التّحيةَ-

أنَّ الشِّراعَ تَمزَّقَ،

لكنَّنَا سَوفَ نُبحرُ مُنفرِدَينِ

إذا الموجُ شَاءْ...

*

مَا الذي كانَ في الحُبِّ

إلّا سَمَاءً تَذوبُ رُويداً، رُويداً، إلى ليلِهَا؟

فاخلعيْ عَنكِ تِلكَ النّجومَ سَريعاً،

لِئَلّا تسيرَ على فَخِذَيكِ الأصابعُ هَذَا المسَاءْ...

وَلْنَعُدْ أصدِقاءْ.

وَلْنَعُدْ شُرفَتينِ،

وأُغنيَتينِ،

وَذاكِرَتينِ،

وكفَّينِ أبحَرتَا في الهَوَاءْ.

ولْنُكذّبْ حَنينَ الحَدَائقِ،

حينَ تَئنُّ علينا جُذُوعُ الصَّنوبَرِ وَالكَستَنَاءْ.

*

غداً صَافِحيني،

كأسطُورَةٍ لمْ أجُلْ في خَبايَا تَفَاصِيلِهَا،

أو كأنَّ الغُروبَ سَيبدُو

كَمَا كَانَ قَبلَ العِناقِ،

وقَبلَ البُكاءْ.

هَكَذَا ننتهِيْ

مثلَ نَهرَينِ لمْ يُجمَعَا في مَصَبْ...

أَصدِقَاءَ وَحَسبْ.

تمازُج

الشّمسُ، عَينُ الشّمسِ، كانَتْ فَوقَ مَنزلنا

وَسَوفَ تعُودُ حَتماً،

غيرَ أنّي قَدْ عَبرتُ البَحرَ

...

أنتِ جميلةٌ جداً،

وَمَا عِندِيْ سِوى بعض انتِظَارٍ مَالِح

...

فَلْنَنتَظِرْ!

سَيعودُ صَوتي عِندَمَا

أنسى هَديرَ الموجِ،

أمّا الآنَ فَلْنشبكْ أصَابعنَا

نُراقب فَارقَ الألوانِ

مُنتَظِرين مُعجِزةَ التّمازُجِ،

عِندها نَتَخَاطرُ الإيمَانَ

بالبَسَماتِ

قبلَ مُضيّنا

للحَجّ نَحوَ القُبلَةِ الأُولى،

فأغفل عنْ مَغيبِ الشّمسِ

خلفَ البَحرِ.

ثُمّ أعُودُ - حين تجِفُّ حنجرَتي -

فُضُولياً،

لأسألَ:

"ما اسمُ ذاكَ اللّون؟"

عَزفٌ منفردٌ

جَلَستُ أُراجع الأيّامَ

حينَ جَمَعْتُ صَمتاً كافياً

للبحثِ عنْ مِفتاحِ ألحَانيْ...

فأعزفُ نِصفَ أُغنيةٍ،

لأُدركَ نصفها الثّانيْ.

يُشتّتني الكلامُ على جناحِ فراشةٍ

دخَلَتْ لتَنتَقِدَ التّصحّرَ فَوق جُدرانيْ.

أيُعقلُ أنْ تكونَ الشمسُ قد كَتَبتْ قَصيدتَها؟!

أهزُّ بقيةَ الإيمانِ في رأسيْ،

وأبدأُ مِنْ جديدٍ عزفَ أُغنيتيْ.

أمرُّ عَلى سُطورِ سَذاجةِ النعناعِ،

والإزهارِ في بيتٍ زجاجيٍّ

على أطرافِ بُركانٍ...

إلى تشكيلِ صلصالٍ

مِنَ الطّبشورِ والماءِ المسافرِ

خلفَ غيمِ الكوكبِ الدانيْ...

إلى الهضباتِ أحضنهنَّ،

والقُبُلاتِ أنثرهنَّ،

ثمّ أصُرُّ أشجانيْ

ولا أقِفُ انتظاراً للحَصادِ

وأختفيْ في صُدفةٍ

تَختارُ زاويةَ انشِقاقِ البحرِ

نحوَ جزيرةٍ أُخرى،

وأمسحُ دعسةَ الآمالِ في أجفانِ شُطآنيْ،

وأحرقُ كُلَّ أشرعتيْ ... لأنساهَا،

فأذكرهَا

...وتنسانيْ!

...

...

تُحاصرُنيْ عَلاماتُ الوقوفِ،

يسيلُ في بصريْ دخانُ الحَربِ،

يرقصُ فوقَ أوراقيْ.

وأهذي ... لو بقيتُ هُناكَ

لانقسمَتْ على الصَفحاتِ أغنيتْي

كأنَّ السّطرَ سطرانِ.

فأينْ أنا؟ وأينَ تركتُ أمتعتْي؟

وهل نظّفتُ صُورةَ قُبلتيْ الأولى؟

وهل أحكمتُ أقفاليْ؟

...

تَضِلُ أصابعيْ،

وأشذُّ عن زمنِ التَنَكّرِ في الشتاءِ

لأنني أخطأتُ

ــ حينَ تشابهتْ صَلواتنا ـ

في عدِّ أغصانيْ.

فألعنْنيْ،

والعنُ ضجةَ الطرقاتِ،

ألعنُ حظَّ شيطانيْ.

...

تَضِلُ أصابعيْ...

فتفرُّ أُغنيتيْ.

أُكررها مِنَ الأعلى...

أرشُّ السَّهوَ (ثانيةً) على العتباتِ،

حتى تطمئنَ وتستدِلَ حمامةُ الذكرى

لعُنوانيْ.

وهذا الشَّمعُ يحرقُ آخرَ العتمِ اللّحوحِ

وذيلَ أسئلتيْ:

أأسعى خلفَ نبضِ الوقتِ،

أم أرتاحُ في جهليْ؟

أنا مَنْ يعزفُ الألحانَ،

لكنْ مَنْ يهزُّ أصابعي؟

منْ يصنعُ الألوانَ في اللّا-وعي؟

لا أدريْ،

ولكنيْ إذا أنصَتُ

قدْ أتنبأُ المجهولَ في ليليْ.

~*~

البحثُ سِباحةً

هَبطَ الشّتاءُ...

ولمْ أزلْ في البحرِ أسبَحُ،

تَنقرُ الأمطارُ ظهري،

تركلُ الأمواجُ رأسي كالكرةْ.

...

فَزَعيْ يُغلّفُني لأبقى طافياً،

والذكرياتُ تعومُ قُربي...

لا أرى عَلماً بلا شَوكٍ،

ولا أدري جهات الروح

كي أسعى ... لعرشِ الماءِ،

لا عنقاء تشدو للنجومِ السّاهرةْ.

أسهو...

أُفكّرُ...

إنْ أنا ألفيتُ يابسةً

أأوصِمُ أنني عارٍ تَشردَ في العَراءِ؟

وكمْ تدومُ مواجعُ الجَلْدِ السّخيةُ

من عيونِ المشفقينَ؟

وما سأفعلُ بالحياةِ

إذا تسرّبتِ الزّنابقُ

من مسامِ الذاكرةْ؟

...

المِلحُ يَنفذُ من شقوقِ الجّرحِ،

جرح الضّفةِ الأولى،

وملح الضّفةِ الأخرى.

وفي الأفقِ القصيِّ يلوحُ ليْ

خيطُ الضّياءِ،

رُتوشُ نورٍ باردٍ،

لكنَّهُ الأملُ الذيْ يبتزُّ جهلي

في حساباتِ المسافةِ

كي أراهنَ بالبقاءِ

(بآخرِ الأوراقِ)

فوقَ الصّخرةِ الملساءِ

حيثُ أضعتُ كلَّ مناورةْ.

...

يا بحرُ،

يا سدَّ المدائنِ

أنْ يطوفَ سَرابُ واحدةٍ بأخرى،

ها أنا وحديْ أُكلّمُ

غيمةَ الأعداءِ،

فامنحني قليلاً من خبايا حِكمةِ الأخطاءِ،

وابعثني نبياً لا يهاجرُ

من أذى القَناصةِ السُفهاءِ...

...

أسْهو ... مرةً أخرى...

فيخطرُ لي صديقٌ في الطّفولةِ

قد تحداني أسير بمفردي - ليلاً -

خلالَ المقبرةْ.

*

قبلَ الرحيلِ أذعتُ أني جثةٌ،

وغسلتُ كلَّ ملابسي،

وسقيتُ ورِدَ حديقتيْ،

وكتبتُ صفحاتٍ بلا معنى

لكي أُنهيْ انتظارَ المحبرةْ.

ختموا على فخذِي

عُراةُ الشاطئ الموصودِ،

بعد قراءةِ الخيباتِ تَرشحُ

من صحائفِ سيرةٍ ذاتيةٍ مثقوبةٍ ومزورةْ.

فكتبتُ إني كُنتُ يَوماً نَورساً

يشدو أغانيْ العُشبِ

فوقَ مراكبِ البحّارةِ الفُقراءِ

...إني قد تَمرّستُ التّنفّسَ

من هواءٍ أصفرٍ

في عينِ عاصفةِ القذى الهوجاءِ

إني كنتُ مسمارَ المعلّقةِ الأخيرة

دمعةَ الخُطباءِ

فوق لِحاهِم البيضاءِ

إنْ ذكروا عَذابَ الآخرةْ.

...

لمْ ينظُروا نَحويْ (كأنْ لا وَجْهَ ليْ)

عندَ امتحانِ تَمسُّكيْ بالوَعي،

قالوا:

-مَا الطيورُ السُّمرُ؟

-قُلتُ : مُهاجرةٌ.

-ما البرقُ يقصفُ زينةَ الشُّرُفاتِ؟

-قُلتُ : مُقامرةٌ.

-قالوا: فما تحت البروقِ، وفوقَ أسرابِ الطيورِ؟

-أجبتُ: شيخُ الغيمِ

يصنعُ خُبزنا بيَدٍ

وبالأُخرى يقودُ الباخرةْ.

...

الشَّمسُ ما زالتْ تَزاورُ عن جُروحٍ رَصَاصةٍ

مَسَحَتْ على زِنديْ وقَالتْ: "عُدْ غَدَاً" ...

الشَّمسُ مَا زَالتْ ملاذَ الخائفينْ.

...

-ما نُقطةُ الضَّعفِ التي تخشى إذاً؟

-قُلتُ: التقلُّبَ في المواسمِ

حينَ يضطجعُ الخَريفُ الغضُّ

في حِضنِ الشتاءِ

...

فقهقهوا ضحكاً وقالوا:

-اذهبْ، حُظوظُكَ عاقرةْ.

حافظْ على عينيك مُغمضتينِ تحتَ الماءِ...

...

...أَصحُو

...

هَا أنا مَا زلتُ أسبح.

~*~

جذعٌ، نجمةٌ، وخريفٌ آخر

-1- جذعٌ

هَذا أنا...

جِذعٌ

خَذَلْتُ جُذوريَّ الأُولى،

وأوراقيْ تعلَمَتِ اللّغاتَ منَ النّسائمِ،

حين هبّتْ - صُدفةً - مِن بين أغصاني التي

نامَت عَليها العَابِراتُ من الحَمائِمِ

(صُدفةً أيضاً)

ولَكنْ ، يا تُرى،

هل تَحِمل الأزهارُ لونَ الماءِ

أمْ لَونَ الحَمامِ؟

أيعلمُ الجذرُ المُشبّثُ في حطامِ الأرضِ

ما طعم الثّمارِ؟

وأشتهي...

(في نَوبةِ الأشـواقِ للمنحوتِ في جَوفي)

إذا أخطأتُ تَأويلَ الغمامِ،

وصاحَ في وجهي غُرابٌ عُنصريٌّ:

"أنتَ مَسخٌ"!

أشـتهي

لو كُنتُ أُشبهُ سَائرَ الأشجارِ.

*

-2- نجمةٌ

جَلَسَتْ أَمَامي ... كالمجرّةِ

لستُ أدري أيّ نجمٍ ساطعٍ سأدورُ حَولَهُ

كي أُتمَّ مَواسمِيْ المتبقّيةْ!...

فَفَتَحتُ وجهِي

مُقرِضاً رُوحي لِعِفريتٍ تَعَوَّدَ أَنْ يُورّطنِيْ

كطفلٍ دَاهِيةْ:

- " تبدين رائعةً ! "

- " وتَبدو أنتَ كالصّلصالِ قَد مَسَحَتْ حَنَايَاهُ الأكُفُّ الحَانيّة "

- " أيْ رُبَمَا! لكنني صَلبٌ، ومِلْحِي قَد تَبَلْوَرَ مِن بِحارٍ عَاتيةْ ... "

فتبسَّمَتْ ... كالبرعُمِ الشَّفافِ...

كالوعدِ الوثيقِ إلى النفوسِ الواهيةْ.

وأشارَ إصبعها تُجَاهَ ذِرَاعيَّ الموشومِ

بالحرفِ المقدَّسِ،

ثُم قالتْ: " أيْ نعم ! "

فَخَرجتُ مِن جَسَدي أُبَشِّر بالخلاصِ

مِنَ التردّدِ بين آلامِ التقمُّصِ

والولادةِ فَوق كُثبانِ الرمالِ الخاويةْ.

... يا كَرمةَ الكأسِ المؤجّلِ،

يا حُقُولَ القمحِ،

فلنرقُصْ عَلى وقعِ الرّياحِ الآتيةْ.

قالتْ نعمْ... !

قالتْ نعمْ... !

رَدَّ الصَدى ... أنْ ثغرها نجمٌ

وجسمُكَ آنيةْ.

*

-3- خريفٌ آخر

تتناقَصُ الأسماءُ في فصلِ الخريفِ،

كأَنْ تَسيرَ لغابةٍ أو نحوَ بُستانٍ

لتَجمعَ بعضَ أعوادٍ تَقاذَفَها الهواءُ...

لترقُصَ فوقَها نارٌ

تَمُدُّ لِسانَها للغيمِ لاهيةً،

فتُبغضها وتَلعنها السَّماءُ

....

النَّارُ تأكلُ ما تشاءُ

...

تَرى ضِحكاتنا حَطباً،

تَرى أسرارَنا حطباً،

تَرى قَصعَاتنا ... وطحيننا حطباً.

والنارُ نارٌ دائماً،

لكنَّ للأعوادِ

...للأغصانِ

قبلَ تساقُطِ الأحلامِ

...قبلَ تفحُّمِ الآمالِ

أسماءُ

...

تَمَهَّلْ أيها الحطَّابُ!

هَذَا الغصنُ أيضاً صَاحبيْ...

سَكَنَتْ إليهِ سعيدةً

-فيما مضى-

عشرون حَبَّة مشمشٍ

وحَمَامَةٌ بَيضَاءُ

~*~

خوفٌ كافرٌ

لا نجمَ في الصّحراءِ يُرشدنا،

وريحُ الخوفِ تمَسحُ دعْسَ مَن مَرّوا.

سَرابٌ ...

كلُّ ما في الضِّفّةِ الأُخرى

وإفكٌ كُلُّ ما ذَكَروا.

لماذا نَحْنُ -دُونَ النّاسِ-

تُدركنا الصَواعِقُ

حيثُما سِرنا؟

لماذا كلَّمَا وَقَعَت مَعَاولُنا

على أصنَامِنا،

كُسِرَتْ

مَعَاولُنا؟

*

سَرابٌ ...

كلُّ ما في الضفةِ الأخرى،

وإفكٌ كلُّ ما ذَكروا.

سَرابٌ رقصةُ السَالسَا...

سَرابٌ قُبلةٌ حمراءُ في المقهى...

سَرابٌ دمعةٌ في صالةِ السّينما.

تُرِكنا نَحْن تحتَ الشمسِ

كي تتبخّرَ الأحلامُ مِن أحداقِنا،

تلك التي رَقَدَتْ سنيناً

في ظلامِ القبوِ

تحرُسُها سَذَاجتُنا...

وكادَ الحلمُ يختمرُ...

فَهلْ كانتْ خطيئتُنا

بأنّا قدْ قَطَعنا حَبلنا السّريّ

قَبلَ تَراكم الغَيماتِ؟

...

يا اللهُ!...

يا أحجارنا البيضاء!

يا بشرُ!

لِماذا نَحْنُ - دُون الناسِ -

نَدفَعُ سُلفَةَ الأغصانِ من دَمِنا

وننكَسِرُ؟

رَمَينا بالعَصا (أَمَلاً)،

فما اهتزتْ

لِتلقف شرَّ ما سَحَرُوا.

وحينَ أَتى غُرابُ الظنّ يُخبرنا

بأنّا لا سَماءَ لنا،

قَصدنا أنبياءَ الحربِ نسألهمْ:

أنمضي؟

أمْ نَعودُ لِسَادِنِ الأصنامِ نعتذرُ؟

45

مُختارٌ أنت

اذهبْ للنهرِ ولا تَشربْ!

واصنعْ ما شئتَ بآخرِ أغنيةٍ تَحفظها

وبآخرِ تَبغِك.

جالسْ مَنْ شِئتَ منَ الغزلانِ،

وحدّثْ أشجارَ الرُمانِ

دقائقَ قصّتكَ الأغربْ.

وتخيّرْ لونَ وموضِعَ قُبلتك الأطولْ.

أيَّ الأسرارِ ستهمسُ حينَ تُعرّي

زهرةَ أوركيدٍ أُخرى؟

وبأيّ الأقداحِ ستثملْ؟

...

خُذْ قسطكَ مِنْ ظِلّ الواحةِ،

لكنْ اذهبْ.

*

الخَاتمُ قد يعني ما لا تعنيهِ النظرةُ قبلَ "صباح الخيرِ"،

وقدْ يَعنيْ شَمساً خضراءَ

بُعيدَ شتاءٍ تحتَ الجلدِ...

وكمْ تحتاجُ لِطيفٍ أخضرَ

يهزمُ هذا الثلجَ الزاحفَ

(مِنْ عتمةِ ليلِ المستقبلِ)

نحوَ القلبْ.

...

...

قدْ يعني أشياءً أُخرى...

أنكَ (مثلاً) تهربُ مِنْ مَجهولكَ

نحوَ المجهولِ الآخرِ،

فاخترْ

دَربكَ

مَجهولكَ...

مَنْ يدريْ مِن أيّ سماءٍ

تُمطر غيمتك الأطهرْ؟

مَنْ يُبصرُ لونَ الخطِ الفاصلِ

بين سماءِ الحلمِ

وبحرِ الوهمِ؟

وكيفَ يلينُ الوقتُ على شَعرِ امرأةٍ

في الزمن الصّلبْ؟

...

...

ما زلتَ تَسيرُ بعينِ الإعصارِ سعيداً،

والجنةُ قد تبدو أجملَ خلفَ الأسوارِ ...

وقد تبدو جُزراً قاحلةً...

مَنْ يدريْ؟

قدْ يُخطئُ سهمكَ حينَ يُصيبُ،

وقدْ تجدُ الراحةَ في الصعبْ!

مُختارٌ أنتَ - كَخيلكَ - هذا مفترقٌ آخرُ...

للشرقِ سبيلكَ أمْ للغربْ؟

هل تكفيْ زنبقةٌ واحدةٌ تَبسمُ ليْ في الطرفِ الآخر كيْ أعبر؟

...

مُختارٌ أنتَ، ولكنْ

خُذْ خيلكَ للنهرِ فقدْ تَعطَش في الدربْ.

أُغنيةُ البقرات

أربعُ بقراتٍ تأكلنا،

تَجترُّ على مهلٍ قمحَ المجهولِ

وتُفرغُ صومَعَةَ الخوفِ...

لا شيء تبقّى للتنورِ وللضيفِ ...

لعروسِ الزعترِ في الفُسحةِ

ما بين الهمزةِ والألفِ...

لا شيء تبقى نَصنعهُ

كعكاً للعيدِ،

نغمّسهُ في كأس نبيذٍ أو عسلٍ،

لا شيء تبقى لحساءٍ

في ليلِ شتاء مرتجفِ...

والشجرُ اليائسُ تحتَ الشمسِ

تمنّى أنْ يُقطَع خَشباً

يجري في البحرِ بلا هدفِ...

ويموتُ الدربُ،

يموت الظلُ،

يموت الرملُ ببلدتنا، بعد الترفِ...

والبقرُ الجائعُ ينبشُ

أقبيةَ الجَدّاتِ عن الصبرِ،

الصبرِ المحفوظ لأجيالٍ

بخوَابٍ من أملٍ صرفٍ

*

وامتدَ المَحلُ ببلدتنا...

سنةً أُخرى...

بقراتٌ خمسٌ تأكلنا...

تأكلُ أحلامَ طفولتنا،

55

ورسائلَ عشقٍ ساذجةً،

أثوابَ العرسِ،

دفاترَنا،

أزهارَ الزينةِ في الشُرفِ ...

والنحلُ الضائعُ في اللا-لونِ

يصلي للغيمِ المنفي.

*

وأنا في العَتمةِ مُنبطِحٌ...

مُنهزمٌ

كالسَّمَكِ الطّافي.

لا أذكرُ صَوتي...

لا خبرٌ

عن يومي هذا أو أمسيْ،

إلا ما اندَسَ إلى حبسيْ،

يَتغلغلُ ريحاً خادشةً

في نَفَسي

رغماً عن أنفي

في رأسيْ ...

وسـواسُ الشّللِ،

صورٌ طائشةٌ تخطر لي:

أثداءُ سُمرٌ،

فنجانٌ،

ومقاطعُ شِعرٍ مُبتَذلٍ...

بوابةُ مدرستي الأولى،

صَفي،

أمّي...

... والذكرى تنهشُ من جوفي

...

أصحو من سَهوي -أحياناً -

لأراجعَ عُنواني واسمي...

اسمي الموشُومُ على كفّيْ

لأظلَ...

...

أظلُ؟...

أظلُ هنا؟!

كي أُدرِكَ بعضاً من حِسّي،

كي أُفلِتَ من قبضةِ حتفي.

...

قُلتُ لنفسي:

"لو أنَّ نبياً حذَّرنا

مِن شرّ الأربعِ والخمسِ"!

*

أَنظُرُ للأعلى...

لم أنظرْ

مُذ خَتَمَ (الغيمُ) على قلبيْ،

فأُشاهد طيراً مهزولاً

قد أوسَعَ ثُقباً في السّقفِ...

قُلتُ لنفسي :

"ثقبٌ كي أنظر للشمسِ!"

غُفرانكَ يا حُدُدُ [1] السّاخطُ،

لم أُجرمْ في حقكَ يوماً،

كانت عَشتَارُ [2] تُراودُني

-بحديقةِ قصركَ-

عن نفْسي

*

أنظرُ للحائطِ...

لم أنظرْ

مُذ مَلَّ الوقتُ من الزحفِ

فنَفَضتُ بساطاً مُغبراً

كي أذكر تعويذةَ جدّي،

جدّيْ المدفون بكَرمَتِهِ...

هل دَخَلَ المغربُ في اللّحظةِ

ما بين الجلدةِ والنزفِ؟

أَتجوزُ صلاةُ الملتبسِ؟

في رأسي حقلٌ

يَقبَل كلَّ ثمارِ اللهِ

بلا شكوى

حَاولتُ الرّسمَ ولكنّيْ

لم أذكرْ ألوانَ الطيفِ...

قُلتُ لنفسي:

"يا للأسفِ!

لو أنّ ضجيجَ الشارعِ لم يوقظهُ

ولم يقطعْ

صَفو الأحلام لديهِ

لأنذرني

الشيخُ المسجونُ معي

منذ الصيفِ...

الطيرُ ستأكلُ من رأسي

الطيرُ ستأكلُ من رأسي"

~*~

(١) حدد : إله المطر والطقس عند السوريين القدماء (أسطورة أكادية)

(٢) عشتار: آلهة الحب والخصوبة والحرب عند السوريين القدماء (أسطورة أكادية، آشورية، بابلية)

عَودةُ مُقاتِلٍ آخَر

هَكَذَا ... عَادَ مِنْ حَربِهِ المُنهِكةْ.

وَهُمْ لمْ يَعُودُوا...

وَهُمْ قَدْ يَعُودونَ يَوماً

إذَا أهمَلوا -دُونَ قَصدٍ- حِلاقَةَ

أسئلةِ العِلّةِ الشّائكةْ.

وَقَدْ يَفقِدُونَ الفُكَاهَةَ،

إذْ ينثُرونَ قُشُورَ غَرَائِزهمْ للرياحِ

وقَدْ يفقِدُونَ ذِراعاً،

وقدْ يفقدونَ طَريقَ الصَّبَاحِ،

وقدْ يفقدونَ خِلالَ حِوارِ السّلاحِ

أخَاً في السّلاحِ...

عَلَى كُلِّ حَالٍ ...

تَمَكّنَتِ اللامُبالاةُ مِنهُ

قُبيلَ بُلوغِ الحَوَاشيْ بِمَلحَمةِ المَعركَةْ.

إذْ أشَاحَ بوجههِ (ذَات اشتبَاكٍ) عنِ البُندُقيّةِ،

حَتّى يَرى أينَ حَطَّ الرّصاصُ

الذي مَرَّ بالقُربِ مِن وَشمِ ذاكرةِ الزّيزفونةِ،

حينَ تَجَلى لَهُ الغَيمُ

ثوباً شَفيفاً

عَلى جَسَدِ امرأةٍ ضَاحكةْ.

قَالَ: "أتبعُ قَلبيْ إذاً..."

رُبَمَا قَالَ: "أتبعُ خِلخَالها / شَهوَتيْ

لاستِدَارةِ ثَدي يُشَاكِسُ

كيْ تَستَفيقَ الأصَابعُ

فَوقَ حَريرِ الكَواكبِ

في الِيلةِ الحَالِكةْ."

قَالَ: أتبعُ أيّ طَريقٍ أرى فيهِ ظِلّيْ،

وأسمَعُ دَندَنَتي حِينَ يَلحَقُ بي لَحنُ أُغنيةٍ

مِثل كَلبٍ وَحيدٍ...

عَلى كُلِّ حَالٍ،

رَمَى البُندُقيَّةَ في خَندَقِ الموتِ،

ثُمّ مَضَى باتّجاهِ الغَمامِ،

ولمْ يلتفتْ

لصُراخٍ مِنَ البزّةِ الهالكةْ.

وحينَ دَنَا،

لمْ يُلاحظْ بأنّ سِياجاً جديداً يُطوّقُ دَارَهُ،

أنّ عَلى البَّابِ لَوناً جَديداً،

ولا أنَّ مِدخَنَةَ السّقفِ أقصَرْ.

وظَنَّ بأنَّ الأماكنَ تَحفظُ أمتِعَةَ الغَائبينَ،

وأنّ الفُصُولَ تَنوحُ رَمَاداً إلى أنْ يَعودَ الجّنودُ،

وأنّ الصَنوبرَ لا يتغيرْ.

كان يجهلُ أنَّ دَوَامَ اغتِرَافِ الحَنينِ مِنَ الذكرَياتِ

يُجَفّفُ بئرَ السّنينِ،

وتبقى بَقيةُ وَجْدٍ يَتيمٍ

مُعَلّقةً مِثلَ لَونٍ بِلا نَجمةٍ في الفَضَاءِ،

وأنَّ الخَنَادقَ تُفسِدُ حِسَّ المِسَاحَة

حينَ يَعودُ الرّجالُ

إلى ملعبِ الفِتيَةِ الأشقياءِ...

على كُلّ حَالٍ...

رَأتهُ النّسَاءُ،

رآهُ الصّغارُ،

رأتهُ طُيورُ المواسِمِ،

لكن لمْ يَره الآخرونَ بعيداً

وقَدْ عَادَ مِن حَربِهِ المُنهِكةْ.

مَسألةٌ حِسابيّةٌ

حسنٌ جداً:

....

الذّكرى قنديلٌ يَصنعهُ الخَوفُ

لدربٍ مظلمةٍ،

يُوقدهُ أملٌ (شفافٌ) لا لونَ لهُ...

والنورُ يُسافِرُ في طيفٍ

يتغذّى من أبخرةِ الأحلامِ،

ويتبَعُ خَطّيّاً للزمنِ المأمولِ

وطاقةِ ذبذبةِ الخيباتِ

وخطَّ الطولِ...

فإنْ أهملنا

جذْرَ الأوهامِ المجدولِ،

وثابت عزمِ الشّهوةِ

حَولَ المركزِ

مركزِ جذب الجسم رباعيّ الأبعادِ

لأحضانِ المجهولِ

السّاعي نحو نهايتِهِ الكبرى.

فاحسبْ

كم مقدار الذكرى

لتُحرّضَ في وجهكَ

بسمةْ؟

...

وهنالك مُشكلةٌ أُخرى

...

ينعدمُ الخوفُ

إذا سارَ الإنسانُ طويلًا

في العتمةْ!

~*~

الخوفُ مرةً أُخرى

ماذا يريدُ الخَوفُ مني؟

...

قد تَركتُ النهرَ والتّيارَ

واستلقيتُ مُنبطحاً على وجهْي

يُجففني زفيرُ المشفقينَ،

ولمْ يعُدْ عندي لدى الحيتانِ ثأرٌ،

فاسترحْ

يا أيها الجسدُ اللعينُ،

وعِشْ كأنكَ نجمةٌ ماتَتْ

وظلَّ ضياؤُها

.

.

مَن أرسلَ الكابوسَ

ينفخ في سرابِ تمدُّني

ليصُدَّ عن وهميْ المقدّس؟

من سبى نومي؟

ألمْ أدفعْ

-كغيري-

أُجرةَ السفرِ المُباحِ

وفائضِ الذّكرى؟

...

ألمْ أصمتْ؟

لأني إنْ شتَمتُ الكونَ

تحضرني البلاغةُ من كلامٍ

يُزعجُ المتقاعدينَ (مُخلفات الحربِ)

وامرأةً تخافُ من الشتيمةِ

أنْ تذوبَ بثديها

فيرى رضيعٌ رمادِها

لوناً جديداً!

...

قالَ لي رجلُ المحطةِ

-دون غيري-

"مِنْ هُنا!..."

...

فاستنبتَ الخَوفُ ابتسامتهُ

على وجهيْ سريعاً،

حين أدركَ أننيْ أمضي (كإصبعهِ الغليظةِ)

مُستقيماً

من هنا!

فخرجتُ أملأُ من نسيمِ الطيرِ صدري

وابتسمتُ مجدداً

للضوءِ

إذْ أيقنتُ أنَّ الشمسَ (أيضاً)

نجمةٌ أُخرى...

تعانقنا...

مسحتُ غبارَها المهزوزَ عن عينيَّ

ثُمَّ دخلتُ ثانيةَ

لأسألَ جُثتي:

...

"ماذا أرادَ الخوفُ مني؟"

~*~

تَرفٌ في دِمشق

كانَ بإمكاني أنْ أكتبَ:

يا مَهدَ التاريخِ

دمشق

وأرضَ المجدِ...

وكان بإمكاني أن أفخرَ

بالجبلِ الأجردِ،

بالنهرِ النَاشفِ،

بالحجرِ الأبيضِ والأسودِ،

بالطبلةِ،

والرَّقصِ البلدي...

كي أُرضي رعشَةَ عِزّتنا

ليقولوا عنّي "وطنيٌّ"...

كان بإمكاني أنْ أمدحَ

لوني،

حَرفي،

وجميع الصُّدفاتِ الأُخرى

كي أُسعِدَ إخوانَ الصُّدَفِ...

كي أحقنَ في عضلِ الأمةِ

بعض الصلفِ...

...

...

كان بإمكاني أنْ أفعلَ

هذا كلّهُ

قبل السّنةِ

الألفين وإحدى عشرة

...

...

أما اليومَ،

فهذا ترفٌ

يبدو الآن شديدَ السُّخفِ.

~*~

هُناك ... هُنا

أَجُوبُ القُرى

وأُفكّرُ:

كيفَ نَمَا السِّنديانُ هُناكَ؟

وكيفَ نَمَا البُرتُقالُ هُنَا؟

...

نحنُ ما تزرعُ الشّمسُ،

ما تعجنُ الأرضُ،

ما يمنحُ الغيمُ مِن بختِنا.

نحنُ، ما نحنُ إلا بذور الرياحِ

التي أغفَلَتها مَنَاقيرُنا؟

...

سنُصلحُ سَقفَ الجُدودِ العتيقْ

ونتبعُ خافتَ رسم الطّريقْ

ونذكرُ في العيدِ أمواتنا.

سنقرأُ

ما كتبوهُ،

ونكتبُ

ممّا قرأنا،

ونقرأُ

ما قد كَتَبنا لنا.

نُدخّنُ فلسفةَ التُعساءِ،

نُردّدُ حِكمةَ رُوحِ السّخاءِ

وفَقرِ الغِنى...

ونبنيْ المعابدَ ممّا نخافْ

ونحلمُ قدرَ حُدودِ اللّحافْ

ونجمعُ في البئرِ ماءَ المُنى

...

فإنْ شئتَ

غازلْ غريبَ الزّهورِ،

وجُلْ في تلالِ الذّهولِ،

ورافقْ

جميعَ الظباءْ.

...

وابتعدْ،

إن أردتَ الرحيلَ، ابتعدْ

وامتطِ الموجَ مِنْ أيّ طيفٍ تشاءْ

فكلٌّ يعودُ للونِ التُّرابِ الذي منهُ جاءْ

....

....

وأما أنا...

فأجوبُ القُرى

وأقولُ لنفسيْ:

لماذا هناكَ؟

لماذا هنا؟

يومٌ غَائِمٌ في آذار

مَازالَ يَنتظِرُ المسِيرَ

دَمِي بأورِدَتي،

ومَا زالتْ على الأهدابِ ألوانٌ تُسافِرُ نَحوكُمْ.

مُنذُ اشتِعَالِ النّارِ في طُرقاتِ ذاكرةِ الأصَابِع

لمْ أُبلّلْ ريشتي...

لكنني مَا زلتُ أرسمُ طيفكُمْ.

...

...

الجَّوُ غَائِمْ.

والرَّمَادُ يقولُ إنَّ الصَّبرَ جَوهرةُ المكارِمْ.

وَمَضَتْ سِنينٌ تدّعي فيها السّماءُ بأنها حُبلى

ونحنُ نمدُّ أيدينا إلى الأعلى

كأشجارٍ يتائِمْ.

...

الجّوُ فَوقَ البحرِ،

فوقَ الشّعرِ،

تحتَ الجِلدِ غَائِمْ.

والشّوكُ ينبتُ مِن شُقُوقِ لُغَاتِنَا

كي يحظُرَ التَّجوَال

بينَ أزقةِ الوهمِ الجَميلِ...

فكيفَ نزرعُ قمحنا والخوفُ يلتهمُ العَواصِمْ؟

وكيفَ يقفُو الدَّربَ طيرٌ لم يُحاولْ

حِفظَ أسمَاءِ النُّجُومِ وَفَهمِ فِطرتِها

ليجتنبَ الخَسَارَةَ في مُقَامَرَةِ البُرُوقِ؟

وكيفَ تَنجُو رُوحُ مَنْ تَرَكَ التَمَائِمْ؟

...

يَا تينةَ الجَبلِ البعيدةِ...

إنّني وَحدي أُواجِهُ حَظّيَ البَعليَّ مِثلكِ،

غيرَ أنّي في بلادٍ لا تُغنّي الرّيحُ فيها

عَنْ بِشَارَاتِ المَوَاسِمْ.

. . .

خَلفيْ تَركتُ شَقائقَ النُّعمانِ

تَرقصُ للرّياحِ،

وأُغنياتِ الحُبّ تائهةً بلا وَترٍ،

ونافذتي بلا إشراقةٍ غَزليّةٍ...

مَنْ كانَ يعلمُ أنَّ في آذارَ حُزناً؟

أنَّ إعصاراً مِنَ الإرهاقِ قَادمْ؟

~*~

أسئلةٌ في فيزياءِ الكَم

كمْ مِلعقةً

يُمكنُ أنْ يَصنعَ رشاشٌ

قد أنهكَ معدنَه الرَّشْ؟

*

كم ثانيةً ...

كانت تفصِل سِكّينَ الأحلامِ العَطشى

عن عنقٍ أنجَدَها الكَبشْ؟

*

كم إزميلاً

تحتاجُ قبائلنا حتى تهدم

- قبل فطامٍ آخر-

هذا الصّنمَ القذرَ الهشْ؟

*

كم يوماً ضوئياً يفصلُ

بين صلاةِ نخيلِ الشّرقِ

وماءِ العرشْ ؟

*

كم زلزالاً ومَخَاضاً

تحتاجُ مدينتنا كي تُنجبَ

ذاك الشيءَ / المَلَك / الوحشْ؟

~*~

حُدُود

قَدَمِيْ المبتورةُ لا تُؤْلمني،

إلّا حين يُحدّقُ فيها

حَرَسُ الشّوكِ الفَاصلِ مَا بينَ الأجناسْ ...

لا أعرفُ دَربي أو عنواني،

كُنتُ أُلاحقُ طيراً مَرَّ مِنَ الحقلِ ولمْ يَأخذْ

حِصّتَهُ المعتَادةَ مِنْ قَمحِ الأعراسِ.

في عينيْ نَقصٌ (أيضاً)،

لا تَقدِرُ تَمييزَ البّزّاتِ وألوانِ الأعلامْ.

مَاذا لو أكَلَ الذئبُ بضيّفَتكمْ كُلَّ الأغنامْ؟

ماذا لو ذَابَ جَليدُ الأرضِ وأصبحتُم بَحراً؟

هلْ كُنتَ سَتبحثُ عَن جيناتٍ سَقطتْ مِن جَدّكَ (سَهواً)

في إحدى غزواتِ الفَتحِ أو الإفلاسْ؟

عن غيمٍ يُدركُ تَاريخَ القَحطِ،

وعَن لُغةٍ تهتزُّ كَمهدِ رضيعٍ في الأنفاسْ؟

ما كُنتَ لِتُخبرني إنّي أحتاجُ لتَصريحٍ مِن ذِئبٍ كيْ أعبرَ،

لَو كُنتَ نَظرتَ إلى قَدَميكَ،

وكُنتَ خَبيراً بالصّلصَالِ،

لَقُلتَ لنفسِكَ (ما يُشبهُ) ما قُلتُ لنفسي:

لا ينمو الشّوكُ وَلَمْ يتغيرْ لونُ التُربةِ ...

هَذَا الشّوكُ صِناعيٌّ

كَالبسمةِ في وجهِ الحُراسْ.

فَاصِلٌ مُوسيقي

جِذعُ النّخلةِ

تثقبُهُ سَبعُ رصاصاتٍ

نايٌ

تعزفُ فيهِ الريحُ

مساءَ الحربِ

*

حكماءُ اللّحنِ

أصابعُ

تبحثُ عن روحٍ

في القصبِ

*

الورقُ الأصفرُ

يرقصُ رقصتهُ الأفضل

قبلَ الموتِ

على سطحِ الماءِ المُضّطربِ

*

حينَ تمرُّ الصُدفةُ

مِن ناي الأحزانِ،

فتَخرُجُ منكَ أنوثتكَ المخبوءةُ

في ضلعِ الهدنةِ

اتبعها...

أعني الصُدفةَ – طبعاً -

اتبعها...

قبلَ رجُوعِ القنّاصِ لعادتِهِ السريّةِ

في جُحرِه

فاتبعها للبُعدِ الرابعِ

مِثليْ

حينَ جلستُ لساعاتٍ

أتأملُ غُصناً يرقصُ فوقَ الماءِ

ولم أبحثْ أبداً عن سَببِ

نِضَالٌ

"لا يمكن لأحد صنع ثورة أو إيقافها. كل ما يمكن لفرد أو مجموعة من أبناء الثورة

أن يفعلوه هو توجيهها بالانتصارات" - نابليون بونابارت (إمبراطور فرنسي)

هل نُخبر الأشجارَ

أنّ الأرضَ تسعى

في مَدارِ الشّمسِ؟

أم نُبقيْ على أحلامِها (إيمانِها)

أنّ الشتاءَ إذا استبدَ وطالَ ليلهُ

لن يشقَ جليدهُ الممتدَ في الوادي

كأوردةٍ لشيطانٍ

سوى إضرابِها العاريْ

بوجهِ فظاظةِ الريحِ العنيدةِ؟

...

ما الذي يجنيه نهرٌ

حين يدركُ بحرَ غايتهِ الأخيرة

يومَ يعشقُ زهرةً في الدّربِ

شاركها الصّلاةَ

لغيمةِ الخلقِ الوحيدةِ؟

ما الذي نجنيه نحنُ القابعونَ

بعينِ إعصارِ الحضارةِ

حين نكفرُ بالأساطيرِ البعيدةِ؟

حين نَطمسُ لونها الشّعريَّ

حتى نقتفي سطراً جديداً

من حكايتنا الأكيدةِ؟

...

هكذا أم هكذا...

لا فرقَ في التّأويلِ،

إذ إنَّ الربيعَ حقيقةٌ كالماءِ كالألوانِ

تَحملهُ المواسمُ

عبرَ أقطارِ السماءِ،

وكلما وئدَتْ ثلوجُ الجاهليةِ

آخرَ الأزهارِ

واختفت الأيائلُ،

بشّرَ العُصفورُ

أنَّ خريطةَ الغيبِ المُقدَّسِ

سوفَ تُفضيْ

للنهاياتِ السعيدةِ

...

هكذا

سأقولُ أنَّ الأرضَ ما زالتْ مُسطحةً إذاً...

ولْتسقُطِ الأوراقُ

في ظلِّ الغَمامِ الأجنبيِّ،

ويسقط الفصلُ الذي

نَشَرَ الصقيعَ على النوافذِ...

يسقط الحطابُ

ذو الفأسِ البغيةِ...

يسقط الدُّودُ الذي

أعيا جذورَ الأبجديةِ...

لن يُحررَ بُرعمَ الإشراقِ من أحدٍ

سوى الشّجرِ المناضلِ

صانعِ الشّمسِ الجديدةِ

~*~

مُلاحظاتٌ على يومٍ سَابقٍ

-1- عن الحُب والبحر

قبلَ الشّروقِ نَهضّتُ مِن حُلمي الشّريدْ.

وخَرجتُ كي أتنشّقَ الأملَ المبكّرَ

فوقَ رملِ الأمنيات...

حبيبتيْ

كانت تُحبُّ البحرَ والأشعارْ.

وأنا أُحبُّ حبيبتيْ...

والبحرَ

والأشعارْ.

رددتُ مَطلعَ نَجمتيْ الغزليّة الأُولى

فغَطَّ البَحرُ في صَمتِ الصَّبَا،

وتوقفَ الموجُ المُسافرُ

حين مسَّ أصابعيْ،

وشهدتُ (بينَ غَمامتينِ)

تَشكّلَ اللّونِ الفريدْ.

هذا الصباحُ المُنتظرْ.

هذا الجنونُ المُنتظرْ.

...

...

الآآآآآآآن ألمحُ وجهَها في صفحةِ الأُفُقِ البعيدْ.

*

-2- عن أمي والحرب

أُمّي تُهاتُفُني صَباحاً،

لا لشيءٍ

إنّما لتقول: "ما زلنا هنا أحياء رغمَ الحَربِ

يُنقذنا مَلاكُ الحظِّ مِن شرِّ القذائفِ والحسدْ."

وأنا أنا ... من "آخرِ الدُنيا"

(كما يحلو لأمّي أنْ تُسميها)

أُهاتفها مَساءً كلَّ يومٍ كي أقول...

...

"ما مِن جديدْ".

*

-3- عن التاريخ والجغرافيا

للقُرى - كلّ القرى -

أسماءُ

حتّى لو تَضَائل حجمها،

وأنا غريبٌ

فاتخذني قريةً

-يا أيُّها التاريخُ-

مِن رجلٍ وحيدْ.

*

4- عن السِياسـة والطفولة

يديْ اليُسرى!

بتاتاً لم أحاولْ بترها،

مع أنّها بطفولتيْ

كانتْ تدسُّ السُّمَ في عسلِ النشيدْ.

*

5- عن الشعر والتجديد

وحَفَرتُ في اللا-وعي حتّى

صِرتُ في لُغتي أسيراً

والترابُ يقولُ لي :

"هل من مزيدْ؟"

أنشدتُ دُودَ الأرضِ أغنيةً

عنِ الأغلالِ

والتحريرِ

... ثم صَفَعتُ وجهي عِندَمَا

نَفَرتْ دماءُ الحربِ

من سطري الأخيرِ

(ألم أقُل: أفطِرْ وَصُمْ؟)

...

ورأيتُ في عُمقِ المجازِ

قريني المَصلوبَ

ينظُرُني،

يُتمتمُ بيتَ شعرٍ

كنتُ -قبلاً- قد حلمتُ بهِ،

فسالَ الخَوفُ مِن أُذنيّ،

وانكمشَ الكلامُ

كقبضةِ الطّفلِ الوليدْ.

أَوَليسَ هذا البؤسُ ذات البؤسِ؟

هذا الموتُ ذات الموتِ؟

والأطلالُ خاويةٌ

كما كانت قُبيل تكسّرِ الأسوارِ عن بيتِ القصيدْ...

ماذا أقولُ إذاً لقريتنا

وللقمحِ المريضِ؟

وكيفَ أرسمُ بالرصاصِ؟

وكيفَ أبتكرُ العَزاءَ مُجرّداً

من غيمةِ الأملِ السّعيدْ؟

ولأنني السّاقيْ الوحيدُ

لوردةٍ بيضاء في جبلِ اليقينِ

خشيتُ يغرقني السؤالُ

إذا عصرتُ كآبتي.

فنظرتُ نَحو الشَّمسِ أبحثُ عن جديدْ...

فأجابني صوتٌ سحيقٌ:

قلْ لقومكَ

ما يزالُ الشعرُ يسألكمْ

"لمن هذا الحديدْ؟"[1]

~*~

<hr>

[1] حديد لمن كل هذا الحديد - بدر شاكر السَّياب (شاعر عراقي)

ڤالنتاينُ الهاربين

قَلَقٌ وأحزانٌ وأشجارٌ مُقلقلةٌ وحربْ

...

ما ذنبُ بُرعمةٍ تُحاولُ أنْ تَرى لوناً جديداً

فوقَ ثلج الڤالنتين؟

...

وردةٌ بيضاءُ أفضل!

...

تباً لشعريْ،

لم يعدْ للأحمرِ القانيْ استعاراتٍ

سوى لدماءٍ من سقطوا

صباحَ الحُبْ.

...

ولأنني لا عِلمَ عنديْ مَنْ سَيكتبُ

صفحةَ التاريخِ هذا اليومَ،

أرسلُ وردةً بيضاء

نحو مدينتي البيضاء

أكتبُ في بطاقاتٍ

مُعنونةٍ لزوجَةِ كلّ طيارٍ قبيحٍ،

أو صديقةِ كلّ جُنديّ يُقامرُ بالقَذائفِ

...

"لم يكنْ في حشوةِ الديناميتِ حُبْ!"

~*~

المجدُ للشِّعر

"لعل خوفاً قد تملكك وأنت تنطق حكمك ضدي أعظم من خوفي وأنا أتلقاه"

جوردانو برونو - فيلسوف وشاعر إيطالي. مخاطباً القاضي الذي حكم عليه بالإعدام بتهمة العداء

للكنيسة

***

في وجه أعداء الفكرة...

***

تَعلَّمتَ فنّ التّظاهُرِ بالخوفِ

من كوكبٍ لا يدورُ بمجموعةِ الحامدينَ

بخطٍ صريحْ.

وآمنتَ أنّ السماءَ تحبُ الجميعَ،

ولكنّ رجمَ الكواكبِ أبغضُ ما كانَ حِلاً

لكونٍ فسيحْ

فسيحٍ، مريحٍ، سخيٍّ، عطوفٍ،

كرحِمِ الربيعِ،

ولكنْ يَضيقُ على شاعرٍ

قد تَجوّلَ خَلفَ مَجازِ المسيحْ.

*

صَنعت عَدوّكَ مِن أُمنياتكَ

حينَ تَجلتْ بوجهِ سِواكَ،

وغَمغَمتَ تَعويذَةَ الحَاسِدينَ،

لئلا يكونَ نبيٌّ جديدٌ

فتُترَكَ تَركَ الحِصانِ الكسيحْ.

*

تعلّمتَ أنّ الصَواعقَ لا تضربُ الخَائفينَ

فجفتْ دماءُ الفضولِ لديكَ،

وأنكرتَ لوناً تراهُ خلال الغَمَام جَلياً

لكي تستريحْ.

وردّدتَ خلفَ ملاكٍ مُحابٍ

شعاراً سخيفاً شديد اللّزوجةِ

أنّ الفَضاءَ قريبٌ مُحال!

أليسَ بصحراءِ جهلكَ واحةُ فنّ

بها يطمئنُ الخَيال؟

ألا تعتريكَ الخُرافةُ،

ربةُ حُبٍّ

تجولُ على متنِ تنينها

فوقَ غيمِ الجبال؟

لأنكَ لمْ تستطعْ أنْ تُحاورَ

زهرَ الربيعِ الجديدِ

بترتَ غُصونَ السؤال ...

وعشّشتَ في ظلِّ جذعٍ عقيمٍ

كفِطرٍ قبيحْ.

~*~

هُدنةٌ مع الحبّ

أَنَا والحبُّ في هُدنةٌ.

أَكفُّ عنِ اختطَافِ زُهُورِهِ...

ويَكفُّ عنْ طَرديْ مِنَ الجنَّةْ.

أمدُّ يَدِيْ،

يُعَمدهَا بدمع ضَحيتيْ الأُولى...

أَصبُّ بكأسِهِ الجَهلَ الشَّفيفَ مُعتَّقاً

فيبثُّ لي شجنهْ...

يَصوغُ الليلَ أُغنيةً،

أُدَندنها،

فيَصعد نَبضُها نَحوَ الكَواكبِ

أنّةً، أنّةٌ.

وأُهديهِ القَصَائدَ رَطبةً،

تمشيْ على نَاي الصَبَا،

فَتُعيرُنيْ صَفصَافةٌ مِنْ صَدرِهَا غُصنَا.

وأصنعُ مِن ظلالِ النَّخلِ مَهدَ نُبُوتيْ،

فَيَنالُني مِنْ وَحيها حِفنةٌ.

أُصليْ للغمامِ،

لكيْ يُبعثَر طيفَ شمسِ الهجرِ عنْ

عُشِّ الحَمامِ،

فيرتديْ لونَهْ.

أنا والحبُّ في سِلمٍ خريفيٍّ

أراقبُ نَومَ أشواقيْ،

أُغطّيها،

وأرسمُ لوحةً تمتصُ ظلاً بُرتقالياً يُطوّقنيْ...

رُويداً تَمّحيْ - في مَوسمِ الزُّهدِ الطويلِ- الذكرياتُ

كأنهنَّ بقيّةُ الجنّةْ.

أُصارحُكُمْ بأنَّ السِّلمَ أعجبَني،

فلا أخشى ذُبُولَ الوَردِ فوقَ وسَادَتيْ كَلَفاً

ولا مِنْ شَوكةٍ طَعنةْ .

...

ولكنّي تذكّرتُ الدُّرُوبَ وعُشبَها

يومَ استفاقتْ فوقَ ماءِ الوَجدِ زنبَقَةٌ

تَفُكُّ إزارَهَا غَنَجاً...

أليسَ الماءُ مَنطقةً محايدةً؟

أقُولُ: الماءُ رَحِمُ سمائِنَا،

فيقولُ لي سَمَكُ البُحيرةِ: "إنها فتنةٌ".

إذاً سَأظلُّ مُنهَمكاً بأوراقِ الخَريفِ،

مُؤرِّخاً زَمَنَ الهُبُوطِ،

ورقصةَ الميلادِ فوقَ مداخنِ الغُرَبَاءِ...

لكنْ...

...

عندَمَا يأتي الرَّبيعُ،

سَأُخبرُ الأزهارَ والأطيارَ

عَنْ حَفلِ العُريّ

مُفسّراً

نَظَريّةَ الألوانِ

جهراً،

بعدَ ذلكَ (يا تُرى...)

مَنْ يَخرقُ الهُدنةْ؟

~*~

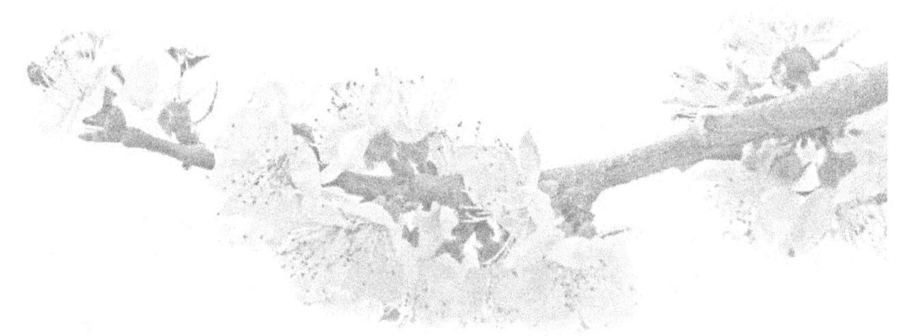

أنتَ أكثرُ مِنكَ

املأْ كَفّيكَ بقمحِ الأرضِ

وعينيكَ بنورِ الأنواءْ...

لمْ تَسقُطْ بَعدُ مدينتُنا،

فانفخْ في المدفعِ أغنيةً أخرى،

لتذوبَ بأرضِكَ

أحذيةُ الجُندِ الغُرباءْ.

واشربْ نَخَبَ الأنفَاسِ،

وراقصْ وردَ الأيتامِ على شُرفاتِ الحُبِّ

لأنكَ آخرُ نبضِ العُشبِ...

فحررْ صَمتكَ كيفَ تشاءُ.

*

قدْ ضَلَ الغيمُ طريقَ الحَقلِ المُشتاقةِ،

وانكمشَ الوقتُ على عينيكَ،

فرتبْ جدْولَ أحلامكَ

وارمِ الشَّعوذةَ المخبوءةَ

في جُحرِ الأغلفةِ البيضاءِ.

لا وقتَ لديكَ لتُطفئ نارَ رسائلهمْ،

لا وقتَ لتجمعَ ريشَ الأعذارِ المتساقطِ في دربكَ،

لا وقتَ لتصحيحِ الإملاءِ.

سقطَ التنّينُ... وكلّ حَرَاشفِهِ... سقطتْ

سقطتْ من عينيكَ الأسماءُ...

ها أنتَ وحيدٌ تكفرُ بالحبرِ المَسعُورْ...

...

هل لغةٌ

لا تنبشُ في أنقاضِ الرُعبِ الجائمِ بحثاً عنْ عصفورْ؟

هل شِعرٌ

لم يَجبرْ يوماً قافيةَ القمرِ المكسورْ؟

فارفعْ صوتَ المذياعِ

لتُسمعَ أحجارَ الجُدُر المصدوعةِ

آخرَ ألحانِ الأعداءْ.

واسمعْ كذباً مِنْ لونٍ مُختلفٍ

عن فَصلٍ آخرَ

لا تُدركهُ الأشجارُ البلديَّةُ، لكنْ

تفقهُهُ الصُحفُ العصماءْ.

سيقولونَ بأنَ الأمنَ يسيحُ رُويداً

...فوقَ بصيصِ الحربِ،

وأنكَ مُنتظرٌ بالفطرةِ،

محزونٌ، مفجوعٌ، منسيٌّ، بالفطرةِ...

وبسيطٌ كقُطيرةِ ماءْ.

سيقولونَ كلاماً - كالحكمةِ - موزوناً

حتى يُوشمَ يأسٌ أبديٌّ في وجهكَ،

حتى تنسى

أنكَ آخرُ آخر نبضِ العُشبِ،

وأنك أكثر مما قالوا عنكَ

وأكثر منكَ،

على كتفيك نقوشُ الأسرارِ الخضراءْ.

*

فتحررْ مِن خوفكَ منهم،

وتألقْ لوناً ميموناً

يخرجُ مِن شرنقةِ النَحسْ...

لم تسقطْ بعدُ مدينتنا،

لم تسقطْ أنتَ،

ولم تسقطْ (مِن جفنك) أحلامُ الأمسْ...

هل تسقطُ في الظلِ الشمسْ؟

...

ستعودُ لأعراسِ الطينِ،

وتنبتُ فوقَ رمادِ البؤسِ

لأنكَ تعرفُ عمرَ الضوءِ

وتاريخَ البحرِ المشقوقِ...

تسيرُ على شفةِ البركانِ

رصيناً

كالفرسِ المَمشوقِ،

ولا تأكلُ فِكراً مَمضوغاً

بلُعابِ اللهو المنحَلِ

وفكِّ السّوقِ،

ولا تحفظُ أغنيةً إلا

مِنْ شِعرِ الشّجرِ المشنُوقِ،

فَصَبراً

يا غيمَ الأخطاءْ

...

سيضيعُ كثيرٌ مِن تُفّاحِ الجّنةِ

قبلَ هُبوطِ شُعاعِ الوحيِ

على الصّحراءْ

~*~

رامي زكريا – سول 2017